Michael Freiburghaus

Welches sind die Gemeinsamkeiten und Unterschiede zwischen dem Alten und Neuen Testament?

Ein Überblick

Das Titelbild zeigt:

„Das Neue Testament ist im Alten verhüllt,

das Alte im Neuen enthüllt!"

Augustinus

Pfr. Dr. Matthias Brütsch gewidmet

Für die Hauskreise der ref. Kirche Leutwil-Dürrenäsch

Herstellung und Verlag:
BoD - Books on Demand, Norderstedt
ISBN 978-3-8448-0569-7

Inhaltsverzeichnis

Einleitung

Hast du dich auch schon gefragt, wieso die Bibel aus zwei Teilen besteht: Dem Alten und dem Neuen Testament? Ich kenne Menschen, die nur das Alte Testament gut finden, aber auch solche, die nur das Neue Testament lesen. Dieses Buch geht auf einen Vortrag zurück, den ich in meiner Kirchgemeinde gehalten habe. Das Ziel bestand darin, darzulegen, dass sowohl das Alte als auch das Neue Testament Heilige Schrift und Wort Gottes ist!

Die Beziehungen zwischen Altem und Neuem Testament wollen wir gemeinsam betrachten. Ich beschränke mich bei den Ausführungen auf eine positive Darstellung des Verhältnisses des Alten und Neuen Testamentes, so wie ich es wahrnehme. Es ist mir nicht möglich, alle Theologien, die es in diesem Zusammenhang gibt, darzustellen. Dies würde den Rahmen dieser Übersicht sprengen. Es geht mir darum, einen ersten Überblick über dieses spannende Thema zu bieten.

Im Folgenden verwende ich die Abkürzung AT für Altes Testament und NT für Neues Testament.

Hauptteil: Gemeinsamkeiten und Unterschiede

Die Gemeinsamkeiten und Unterschiede zwischen AT und NT werden in formale und inhaltliche Punkte gegliedert.

1.1 Formale Gemeinsamkeiten

Wir beginnen mit den formalen Gemeinsamkeiten, also mit denen, die von aussen betrachtet sofort auffallen:

A) Weltliteratur

Sowohl das AT als auch das NT gehören zur Weltliteratur und erleben Millionen- und Milliardenauflagen. Jeder Literaturwissenschaftler bestätigt dies. Ohne die Kenntnis des AT und NT sind viele Werke der westlichen Kultur nicht verstehbar, weil sie auf das AT und auf das NT Bezug nehmen.

B) Zusammenhang: Verheissung – Erfüllung

Das AT weist auf das NT, beispielsweise mit der Formulierung: *„Siehe, Tage kommen, spricht der HERR"* (21 Mal im AT). Das AT enthält viele Verheissungen: Dinge und Ereignisse, die noch nicht passiert sind, sondern erst in der Zukunft geschehen werden.

Das NT weist stark auf das AT zurück: Jeder 21igste Vers ist ein Zitat des AT! Das NT enthält viele Erfüllungen der alttestamentlichen Verheissungen.

Wilhelm Vischer erkennt: „Das Alte Testament sagt, *was* der Christus ist, das Neue *wer* er ist, und zwar so, dass deutlich wird: Nur der kennt Jesus, der ihn als den Christus erkennt, und nur der weiss, was der Christus ist, der weiss, dass er Jesus ist. So deuten die beiden Testamente, von Einem Geiste durchhaucht, gegenseitig aufeinander" (Das Christuszeugnis des Alten Testaments, S. 7).

Juden verstehen den Talmud als Erfüllung des AT.

C) Dreiteilige Gliederung

Sowohl das christliche AT als auch das NT weisen eine dreiteilige Gliederung auf: Geschichtsbücher – Weisheit – Prophetie.

Das AT enthält von 1.Mose bis 2.Chronik die Geschichte des Volkes Israel. Die fünf Bücher Hiob, Psalmen, Sprüche, Prediger und Hohelied sammeln die Weisheit. Die vier grossen Propheten Jesaja, Jeremia, Hesekiel und Daniel sowie die zwölf kleinen Propheten sind Prophetie (= Weissagung und Verheissung).

Das NT beginnt mit der Geschichte von Jesus: Die vier Evangelien (Matthäus, Markus, Lukas, Johannes), gefolgt von der Apostelgeschichte. Die Weisheit liegt in Form von 21 Briefen vor, die die Apostel verfasst haben. Die Offenbarung des Johannes bildet als Prophetie den Schluss des NT.

Das jüdische AT gliedert sich in Gesetz – Propheten – Schriften. Siehe Anhang.

1.2 Inhaltliche Gemeinsamkeiten

Nun kommen wir zu den inhaltlichen Gemeinsamkeiten.

A) GLEICHER GOTT!

a) *„Gott ist LIEBE"* (1.Johannesbrief 4,8+16). Gott hat sich nicht geändert. Seine Liebe für uns Menschen ist in beiden Testamenten zu finden. Auch im AT ist Gott der Gott der Liebe: *„Ja, mit ewiger Liebe habe ich dich geliebt"* (Jeremia 31,3).

b) Gott ist PERSON. Als lebendige Person denkt, fühlt, spricht und handelt er gemäss seinem heiligen Willen.

c) Gott ist DREIEINIG: Gott Vater, Gott Sohn Jesus und Gott Heiliger Geist. Gott ist 1 Gott in 3 Personen. Bereits in der Schöpfungsgeschichte taucht die Dreieinigkeit/Dreifaltigkeit Gottes auf: *„Und Gott sprach: Lasst uns Menschen machen in unserm Bild, uns*

ähnlich!" (1.Mose 1,26a). Gott erscheint Abraham in der Gestalt von drei Männern (vgl. 1.Mose 18,1-15). Im AT ist die Dreieinigkeit Gottes angedeutet. Im NT zeigt sich die Dreieinigkeit Gottes deutlich. Jesus spricht: *„Tauft sie* [= alle Nationen] *auf den Namen des Vaters und des Sohnes und des Heiligen Geistes"* (Matthäusevangelium 28,19). Paulus schreibt: *„Die Gnade des Herrn Jesus Christus und die Liebe Gottes und die Gemeinschaft des Heiligen Geistes sei mit euch allen!"* (2.Korintherbrief 13,13). Vgl. Epheserbrief 1,3-14 und 1.Korintherbrief 12,3-6. 200 n.Chr. prägte der Kirchenschriftsteller Tertullian den Begriff „trinitas" (= Dreieinigkeit). Im Nizäischen Glaubensbekenntnis 325 n.Chr. wird die Dreieinigkeit als verbindlich festgesetzt. Juden und Moslems erkennen im AT keine Dreieinigkeit.

d) Gott ist HEILIG:

∇ Gott Vater: Jesaja 6,3.

∇ Gott der Sohn Jesus: Johannesevangelium 6,69.

∇ Gott der Heilige Geist: Matthäusevangelium 1,18.

e) Gott ist EWIG. Er hat weder Anfang noch Ende:

∇ Gott Vater: 1.Mose 21,33.

∇ Gott Sohn Jesus: Johannesevangelium 8,58.

∇ Gott der Heilige Geist: Hebräerbrief 9,14.

f) Gott ist ALLGEGENWÄRTIG:

∇ Gott Vater: Psalm 139,8-9.

∇ Gott der Sohn Jesus: Matthäusevangelium 18,20.

∇ Gott der Heilige Geist: Johannesevangelium 16,7.

g) Gott ist ALLMÄCHTIG.

∇ Gott Vater: 1.Mose 17,1.

∇ Gott der Sohn Jesus: Matthäusevangelium 28,18.

∇ Gott der Heilige Geist: Sacharja 4,6.

h) Gott ist ALLWISSEND.

∇ Gott Vater: 2.Samuel 2,3b.

∇ Gott Sohn Jesus: Johannesevangelium 6,64.

∇ Gott der Heilige Geist: 1.Korintherbrief 2,9-11.

i) Gott ist ÜBERWELTLICH (= transzendent).

∇ Gott Vater: 1.Könige 8,27.

∇ Gott der Sohn Jesus: Lukasevangelium 24,31.

∇ Gott der Heilige Geist: Johannes 4,24; 14,17.

j) Gott ist UNSICHTBAR. Gott Vater und Gott der Heilige Geist sind „*unsichtbar*" (1.Timotheusbrief 1,17). In Jesus wird der unsichtbare Gott für uns sichtbar: „*Er ist das Bild des unsichtbaren Gottes*" (Kolosserbrief 1,15a).

k) Gott ist SCHÖPFER des ganzen Universums.

∇ Gott Vater: 1.Mose 1,1.

∇ Gott der Sohn Jesus: Kolosserbrief 1,16.

∇ Gott der Heilige Geist: 1.Mose 1,2.

l) Gott ist ERHALTER der Welt.

∇ Gott Vater: 1.Mose 8,21-22.

∇ Gott der Sohn Jesus: Kolosserbrief 1,17.

∇ Gott der Heilige Geist: Hiob 34,14.

m) Gott ist ERLÖSER/VOLLENDER der Welt.

∇ Gott Vater: Johannesevangelium 3,16.

∇ Gott der Sohn Jesus: Apostelgeschichte 16,30-31.

∇ Gott der Heilige Geist: 1.Korintherbrief 12,3b.

n) Gott ist GERECHT. Er ist der höchste Richter.

∇   Gott der Vater: Psalm 50,6.

∇   Gott der Sohn Jesus: 1.Johannesbrief 2,1.

∇   Gott der Heilige Geist: Johannesevangelium 16,8.

B) Gleiches Menschenbild

Weil der Mensch dem guten Gott nicht gehorcht, ist der Mensch „*böse*" (1.Mose 6,5; 8,21; Matthäusevangelium 7,11; Römerbrief 3,23). Dies hat ein Problem zur Folge, das von uns Menschen nicht gelöst werden kann: Unsere Sünde und Schuld.

C) Beide handeln vom Versöhnungstag

Im AT ist der Versöhnungstag (hebräisch: Jom Kippur) der höchste Feiertag: Opfertiere wurden geopfert und mit dem Blut wurde im Allerheiligsten des Tempels die Bundeslade (mit den Tafeln der Zehn Geboten drin) besprengt. Der Hohepriester legte einem Ziegenbock symbolisch die Hände auf und betete, dass seine Sünde und die Sünde des Volkes auf diesen Sündenbock gehe. Dann wurde dieser Sündenbock in die Wüste geschickt, wo er starb (vgl. 3.Mose 16). Noch heute ist für Juden der Jom Kippur der höchste Feiertag.

Im NT ist der Versöhnungstag die Kreuzigung von Jesus und seine Auferstehung an Ostern. Gott lud alle unsere Schuld auf den schuldlosen Jesus. Als Jesus starb, wurde unsere Sünde vernichtet. Gott erweckte seinen Sohn Jesus zu neuem Leben, deswegen können auch wir ein neues Leben erhalten mit Gott. Dies ist kurz zusammengefasst das EVANGELIUM, die frohe Botschaft und gute Nachricht!

Weiterführende Bibelstellen zum Selbststudium

a) 3.Mose 16 beschreibt den Versöhnungstag.

b) Hebräerbrief 7,1-10,18 erklärt die Versöhnung, die Jesus für uns erwirkt hat.

D) Der Bundesgott macht mehrere Bünde

Was ist ein Bund? Hebräisch: Berit, griechisch: Diatheke, lateinisch: Testamentum/foedus. Das AT heisst also „Alter Bund", das NT „Neuer Bund". Ein Bund ist ein feierliches Bündnis, Vertrag, Eid, eine Abmachung oder Stiftung (vgl. Rienecker/Maier, Lexikon zur Bibel, S. 296 und Wikipediaartikel Bund (Bibel)).

a) Noah-Bund: Gott verspricht, dass er keine zweite Sintflut schicken wird. Bundeszeichen: Regenbogen! Vgl. 1.Mose 9,1-17.

b) Abraham-Bund: Gott verspricht Abraham viele Nachkommen und ein fruchtbares Land. Bundeszeichen: Beschneidung der Knaben! Vgl. 1.Mose 15+17.

c) Sinai-Bund: Gott erwählt das Volk Israel und gibt die Zehn Gebote. Bundeszeichen: Gesetzestafeln mit den Zehn Geboten! Vgl. 2.Mose 20; 5.Mose 5.

d) David-Bund. Gott erwählt König David und verspricht seinem Nachkommen (= Jesus) ewige Herrschaft. Vgl. 2.Samuel 7,14; 1.Chronik 17,14; Jeremia 33,14-26.

e) Der NEUE Bund in Jesus Christus. Schon im AT lesen wir über ihn: *„Siehe, Tage kommen, spricht der HERR, da schließe ich mit dem Haus Israel und mit dem Haus Juda einen neuen Bund: nicht wie der Bund, den ich mit ihren Vätern geschlossen habe an dem Tag, als ich sie bei der Hand fasste, um sie aus dem Land Ägypten herauszuführen – diesen meinen Bund haben sie gebrochen, obwohl ich doch ihr Herr war, spricht der HERR. Sondern das ist der Bund, den ich mit dem Haus Israel nach jenen Tagen schließen werde, spricht der HERR: Ich werde mein Gesetz in ihr Inneres legen und werde es auf ihr Herz schreiben. Und ich werde ihr Gott sein, und sie werden mein Volk sein. Dann wird nicht* *mehr einer seinen Nächsten oder einer seinen Bruder lehren und sagen: Erkennt den HERRN!* Denn sie alle werden mich erkennen von ihrem Kleinsten bis zu ihrem Größten, spricht der HERR. Denn ich werde ihre Schuld vergeben und an ihre Sünde nicht mehr denken" (Jeremia 31,31-34).

Jesus spricht am Gründonnerstag über diesen NEUEN BUND: *„Und er nahm Brot, dankte, brach und gab es ihnen und sprach: Dies ist mein Leib, der für euch gegeben wird. Dies tut zu meinem Gedächtnis! Ebenso auch den Kelch nach dem Mahl und sagte: Dieser Kelch ist der neue Bund in meinem Blut, das für euch vergossen wird"* (Lukasevangelium 22,19-20).

Die Bundeszeichen des NEUEN BUNDES: Taufe! Bei der Erwachsenentaufe spricht der Täufling das Bekenntnis zu Jesus selber und zeigt so, dass er sich zu Gott bekehrt hat. In der Kindertaufe zeigt Gott seine bedingungslose Liebe zu jedem Menschen. Die Eltern sprechen das Bekenntnis zu Jesus als Retter stellvertretend für das Kind. Vgl. Kolosserbrief 2,11-12.

Das Abendmahl ist die Vergegenwärtigung des NEUEN BUNDES: Gott kommt durch seinen Heiligen Geist in Brot und Wein/Traubensaft IN UNS HINEIN, weil er uns unendlich fest liebt. Deswegen vergibt er uns unsere Schuld (vgl. Jeremia 31,34).

E) Beide handeln von Gottes Erwählung

Im AT erwählt Gott das Volk Israel: *„Denn du bist dem HERRN, deinem Gott, ein heiliges Volk. Dich hat der HERR, dein Gott, erwählt, dass du ihm zum Volk seines Eigentums wirst aus allen Völkern, die auf dem Erdboden sind. Nicht weil ihr mehr wäret als alle Völker, hat der HERR sich euch zugeneigt und euch erwählt – ihr seid ja das geringste unter allen Völkern –, sondern wegen der Liebe des HERRN zu euch, und weil er den Eid hielt, den er euren Vätern geschworen, hat der HERR euch mit starker Hand herausgeführt und dich erlöst aus dem Sklavenhaus, aus der Hand des Pharao, des Königs von Ägypten"* (5.Mose 7,6-8).

Im NT sind alle erwählt, die an Jesus als Herrn und Heiland glauben: Gott hat uns in Jesus *„auserwählt vor Grundlegung der Welt, dass wir heilig und tadellos vor ihm seien in Liebe, und uns vorherbestimmt hat zur Sohnschaft durch Jesus Christus für sich selbst nach dem Wohlgefallen seines Willens"* (Epheserbrief 1,4-5).

F) Beide enthalten gleiche Themen

a) Gott ist barmherzig. Vgl. 2.Mose 34,6-7, Lukasevangelium 1,50.

b) Deshalb fordert Gott von uns Menschen, dass wir Nächsten- und sogar Feindesliebe leben. Vgl. 3.Mose 19,17-18 mit Lukasevangelium 6,27.

c) Gott bietet den Gottlosen seine Gnade an. Vgl. Hesekiel 18 mit Römerbrief 3,23-24.

d) Gott wird am Tag des HERRN (= am Jüngsten Tag) Gericht halten über alle Menschen. Vgl. Hesekiel 30,3 mit Offenbarung 20,11-15.

e) Gott bewirkt die Auferweckung von Toten. Vgl. Hesekiel 37,1-14; Daniel 12,2-3, Johannesevangelium 5,28-29.

f) Gott schafft einen neuen Himmel und eine neue Erde. Vgl. Jesaja 65-66 mit Offenbarung 21,1-5 (vgl. Frank Crüsemann, Das Alte Testament als Wahrheitsraum des Neuen, S. 60).

G) Beide sind Wort Gottes und Heilige Schrift

Im AT steht dazu: *„Das Gesetz des HERRN ist vollkommen und erquickt die Seele; das Zeugnis des HERRN ist zuverlässig und macht den Einfältigen weise"* (Psalm 19,8).

Im NT steht dazu: *„Alle Schrift ist von Gott eingegeben und nützlich zur Lehre, zur Überführung, zur Zurechtweisung, zur Unterweisung in der Gerechtigkeit, damit der Mensch Gottes richtig sei, für jedes gute Werk ausgerüstet"* (2.Timotheusbrief 3,16-17). Der Begriff *„von Gott eingegeben"* lautet „inspiriert" und übersetzt von Gottes Geist „eingehaucht". Ausserdem: *„Denn niemals wurde eine Weissagung durch den Willen eines Menschen hervorgebracht, sondern von Gott her redeten Menschen, getrieben von Heiligem Geist"* (2.Petrusbrief 1,21). Die Bibel ist das Wort Gottes, das schwarz auf weiss vorliegt. Wenn wir in der Bibel lesen, spricht Gott zu uns!

2.1 Formale Unterschiede

A) Unterschiedlicher Umfang

Das AT umfasst 593493 Wörter, das NT 181253 Wörter. Somit ist das AT also 77%, das NT 23% der ganzen Bibel.

B) Unterschiedliche Zeitspanne

Das AT ist über einen Zeitraum von etwa 1600 Jahren geschrieben worden: 2000-400 v.Chr.: Von Abraham bis zum Propheten Maleachi.

Das NT während 70 Jahren: etwa 30-100 n.Chr.

C) Unterschiedliche Sprachen

Das AT ist Hebräisch und 10 Kapitel sind in Aramäisch (Esra 4,8-6,18; 7,12-26 und Daniel 2,4b- Kapitel 7; dazu einige Wörter in Jeremia 10,11; 1.Mose 31,47; Hiob 36,2a; 4.Mose 23,10; 1.Mose 15,1).

Das NT ist in Koiné-Griechisch verfasst. Koiné heisst „allgemein", also die Umgangssprache und Weltsprache im Mittelmeerraum der damaligen Zeit. Heutzutage wäre es Englisch.

2.2 Inhaltliche Unterschiede

Jesus spricht: *„Meint nicht, dass ich gekommen sei, das Gesetz oder die Propheten aufzulösen; ich bin nicht gekommen aufzulösen, sondern zu erfüllen. Denn wahrlich, ich sage euch: Bis der Himmel und die Erde vergehen, soll auch nicht ein Jota oder ein Strichlein von dem Gesetz vergehen, bis alles geschehen ist. Wer nun eins dieser geringsten Gebote auflöst und so die Menschen lehrt, wird der Geringste heißen im Reich der Himmel; wer sie aber tut und lehrt, dieser wird groß heißen im Reich der Himmel. Denn ich sage euch: Wenn nicht eure Gerechtigkeit die der Schriftgelehrten und Pharisäer weit übertrifft, so werdet ihr keinesfalls in das Reich der Himmel hineinkommen"* (Matthäusevangelium 5,17-20).

Die Moral der Schriftgelehrten und Pharisäer war sehr hoch: Sie fasteten zweimal in der Woche und verzehnteten sogar die Küchenkräuter (vgl. Lukasevangelium 18,12). Ihnen fehlten jedoch die Liebe und die Glaubensgerechtigkeit, die durch den Glauben an Jesus als Retter kommen.

Die inhaltlichen Unterschiede zwischen dem AT und NT, die im Folgenden aufgezählt werden, sollen keinesfalls den Eindruck erwecken, dass das AT weniger wichtig oder für uns Christen nicht mehr gültig ist. Jesus ist nicht gekommen, um das AT abzuschaffen, sondern um es für uns zu erfüllen!

A) Verschiedene Angesprochene

Das AT ist vor allem an die Juden gerichtet, an das auserwählte Volk Gottes. Das NT gilt allen Menschen. Durch Jesus gelten die Verheissungen im AT auch für uns, weil Jesus Jude war und sich vollkommen an das jüdische Gesetz hielt! So hat er das AT für uns erfüllt. Beispiel: Im AT heisst es: *„Der Herr ist mein Hirte, mir wird nichts mangeln"* (Psalm 23,1). Jesus spricht: *„Ich bin der gute Hirte; der gute Hirte lässt sein Leben für die Schafe"* (Johannesevangelium 10,11b-12). Durch Jesus gilt das AT mit seinen Verheissungen auch für uns.

B) Verschiedene Opfer

Im AT gab es regelmässige Tieropfer. Im NT opfert Gott sich selber in Jesus ein für alle Mal – für uns! Siehe unten.

C) Verschiedene Priester

Im AT gibt es Priester, die zwischen Gott und dem einzelnen Israeliten/der einzelnen Israelitin vermitteln. Allerdings ist schon im AT eine „Demokratisierung" angelegt. Gott spricht zum ganzen Volk: *„Und ihr sollt mir ein Königreich von Priestern und eine heilige Nation sein"* (3.Mose 19,6a).

Im NT ist jede und jeder, die/der an den Hohepriester Jesus glaubt, selber ein Priester/eine Priesterin: *„Ihr aber seid ein auserwähltes Geschlecht, ein königliches Priestertum, eine heilige Nation"* (1.Petrusbrief 2,9, ähnlich Vers 5: *„ein heiliges Priestertum"*). Wegen Jesus gibt es das allgemeine Priestertum oder das Priestertum aller Gläubigen. Es gibt mehrere Verse im NT, die betonen, dass wir in Jesus Christus direkten Zugang haben zu Gott (vgl. Offenbarung 1,5-6). Dies ist der tiefste Grund, warum Hauskreise so bereichernd sind. Wir kommen zusammen, lesen in der Bibel, beten, tauschen aus und Gott wirkt so an uns. Wir müssen nicht alle Theologie studiert haben, sondern jeder kann selber mit Gott reden und seine Beziehung mit Gott pflegen.

D) Verschiedene Verheissungen

Im AT verspricht Gott oft das verheissene Land Israel, das *„von Milch und Honig überfliesst"* (2.Mose 3,8 und 23 weitere Stellen) – im NT das ewige Leben im Himmel. Das Begriffspaar „Milch und Honig" taucht im NT gar nicht auf!

E) Verschiedene Häufigkeit des Heiligen Geistes

a) Im AT kommt der Heilige Geist nur für eine bestimmte Zeit für bestimmte Aufgaben auf bestimmte Menschen: auf Joseph (1.Mose 41,16-38), Mose (4.Mose 11,25), den Handwerker Bezaleel, der die Stiftshütte erbaute (2.Mose 35,30-33), auf die 70 Ältesten, die Mose als Richter einsetzte (4.Mose 11,25), auf den Propheten Bileam (4.Mose 24,2-9), auf Josua (5.Mose 34,9), auf den Richter Othniel (Richter 3,10), auf den Richter Gideon (Richter 6,34-35), auf den Richter Jefta (Richter 11,29), auf den Richter Simson (Richter 13,25; 14,6), auf König Saul (1.Samuel 10,10), auf die Boten Sauls (1.Samuel 19,20), auf König David (2.Samuel 23,2), auf Amasai, das Oberhaupt der 30 (1.Chronik 12,19), auf die Propheten Elia und Elisa (2.Könige 2,15), auf den Propheten Jesaja (Jesaja 61,1), auf den Propheten Hesekiel (Hesekiel 11,5), auf den Propheten Micha (Micha 3,8), auf den Politiker Nehemia (Nehemia 9,30), auf Asarja (2.Chronik 15,1), auf Jahasiël

(2.Chronik 20,14), auf Secharja (2.Chronik 24,20) und auf den Propheten Daniel (Daniel 4,5).

b) Der Heilige Geist konnte Menschen auch wieder verlassen (vgl. 1.Samuel 16,14; vgl. Psalm 51).

c) Das Alte Testament weist bereits in mehreren Prophetien auf die Ausgiessung des Heiligen Geistes hin. Dies ist bereits im Alten Testament an mehreren Stellen vorausgesagt

„Und danach wird es geschehen, dass ich meinen Geist ausgießen werde über alles Fleisch" (Joel 3,5a).

„Und ich werde euch ein neues Herz geben und einen neuen Geist in euer Inneres geben; und ich werde das steinerne Herz aus eurem Fleisch wegnehmen und euch ein fleischernes Herz geben. Und ich werde meinen Geist in euer Inneres geben; und ich werde machen, dass ihr in meinen Ordnungen lebt und meine Rechtsbestimmungen bewahrt und tut" (Hesekiel 36,26-27).

d) Seit Pfingsten kommt im NT der Heilige Geist auf alle Christen, die Jesus als ihren persönlichen Retter in ihrem Leben annehmen (vgl. 1.Korintherbrief 12,3). Er bleibt für immer bei ihnen.

F) Verschiedene Zugehörigkeit zum Volk Gottes

Im AT gehören vor allem Juden zum Volk Gottes. Auch Nichtjuden (Heiden) können sich dem Volk Israel anschliessen. Man nennt sie dann Proselyten (= die Hinzugekommenen). Beispielsweise Naaman (vgl. 2.Könige 5). Im NT gehören sowohl Judenchristen als auch Heidenchristen zur Kirche, zur Versammlung der Gläubigen.

G) Zeremonialgesetz und Reinheitsvorschriften

Einige Vorschriften im AT gelten nur für das jüdische Volk Gottes, beispielsweise die Reinheitsvorschriften oder das Zeremonialgesetz. Jesus erfüllte diese Reinheitsgebote für uns in seinem Leben, Sterben und Auferstehen. Deshalb spricht er: *„Begreift ihr nicht, dass alles, was von außen in den Menschen hineingeht, ihn nicht verunreinigen kann? Denn es geht nicht in sein Herz hinein, sondern in den Bauch, und es geht heraus in den Abort. Damit erklärte er alle Speisen für rein"* (Markusevangelium 7,18b-19). Jesus berührte Leprakranke; er ass, ohne sich vorher die Hände zu waschen; er heilte Kranke am Sabbat. Jesus radikalisierte diese Gebote des AT, indem er spricht: *„Ich will Barmherzigkeit und nicht Schlachtopfer"* (Matthäusevangelium 9,13a; 12,7a; Zitat aus Hosea 6,6a). Liebe ist ihm wichtiger als Äusserliches.

3. Brennende Fragen

Nun kommen wir zu den Fragen, die viele Menschen heutzutage interessieren.

A) Gibt es jüdische Verheissungen?

Frage: Gibt es Verheissungen, die speziell nur für das Volk Israel bestimmt sind?

Antwort: Ja, beispielsweise, wenn Gott den Juden das Land verheisst, das von *„Milch und Honig überfliesst"* (2.Mose 3,8) und wenn er verspricht, dass er sie aus der Vertreibung (Exil) zurückführen wird (vgl. Jeremia 31-33). Seit 1948 gibt es den Staat Israel und viele Juden sehen es heute noch als ihre Pflicht an, nach Israel zu ziehen. Diese Verheissung erfüllt sich also heute noch!

Wir Christen müssen nicht in Israel wohnen, um Christen zu sein: *„Denn unser Bürgerrecht ist in den Himmeln, von woher wir auch den Herrn Jesus Christus als Retter erwarten"* (Philipperbrief 3,20).

B) Brutaler Gott, weil er den Bann vollstreckt?

Frage: Wir glauben, dass Gott uns alle persönlich liebt! Wie passt das dazu, dass im AT mehrmals ganze Städte (Frauen, Kinder, Tiere) umgebracht werden (dürfen). Warum waren diese Menschen Gott nicht persönlich lieb?

Antwort: Meine Antwort gliedert sich in fünf kurze Teile.

a) Erstens und das Wichtigste: Gott liebte auch diese Menschen, weil Gottes innerstes Wesen *„Liebe ist"* (1.Johannesbrief 4,8+16).

b) Zweitens: Weil Gott alle Menschen liebt, setzt er dem Bösen auch Grenzen, um uns zu schützen. Im AT gibt es etwas, was uns wohl fremd ist: Das *„MASS DER SCHULD"*! So spricht Gott zu Abraham: *„Denn das Maß der Schuld des Amoriters ist bis jetzt noch nicht voll"* (1.Mose 15,16b). Das Mass der Schuld des Nachbarvolkes der Amoriter ist noch nicht voll. Wenn das Mass der Schuld aber voll ist, dann handelt Gott (vgl. Hesekiel 9,9). Die Nachbarvölker werden schuldig vor Gott, weil sie das Bundesvolk Israel schlecht behandeln. Gott ist geduldig mit den gottlosen Amoritern und bietet ihnen die Möglichkeit an, sich zu bessern.

c) Drittens: Gott befiehlt, den BANN zu vollstrecken an einigen Nachbarvölkern Israels (vgl. 5.Mose 20,16-18).

Bann heisst Vernichtungsweihe, wenn etwas Gott geweiht wird, damit es vernichtet wird. Die Nachbarvölker Israels dienten anderen Göttern und stummen Götzenbildern. Unter anderem verbrannten sie ihre eigenen Kinder als Opfer für diese Götter (vgl. 2.Könige 16,3; 17,17; 21,6; 23,10). Der Gott der Bibel hat aus Liebe zu seinem Volk diesem Gräuel ein Ende bereitet. Er hat das Übel bei der Wurzel gepackt. Wenn Gott den Bann nicht vollstreckt hätte, hätten sich die Nachbarvölker mit Israel durch Handel und Heirat vermischt und der Götzendienst der Nachbarvölker wäre noch mehr nach Israel gekommen.

d) Viertens: Dieser Bann ist zeitlich und örtlich begrenzt. Er ist nicht überzeitlich oder ein Prinzip, das wir heute wortwörtlich nachmachen sollen.

e) Fünftens: Wir Christen kämpfen nicht gegen Menschen, sondern mit Gottes Hilfe gegen das unsichtbare Böse, gegen den Teufel: *„Denn unser Kampf ist nicht gegen Fleisch und Blut, sondern gegen die Gewalten, gegen die Mächte, gegen die Weltbeherrscher dieser Finsternis, gegen die geistigen Mächte der Bosheit in der Himmelswelt"* (Epheserbrief 6,12).

C) Verhältnis der Tieropfer zum Opfer von Jesus?

Frage: Musste Jesus auch für Sünden aus dem AT büssen? Oder reichten damals die Blutopfer (Tieropfer) im AT?

Antwort: Der Hebräerbrief geht von 9,1-10,18 auf genau diese Frage ein! Ich fasse zusammen: Mit Bezug auf das AT heisst es: *„Denn unmöglich kann Blut von Stieren und Böcken Sünden wegnehmen"* (Hebräerbrief 10,4). *„Dieses* [= die Tieropfer im AT] *ist ein Gleichnis für die gegenwärtige Zeit, nach dem sowohl Gaben als auch Schlachtopfer dargebracht werden, die im Gewissen den nicht vollkommen machen können, der den Gottesdienst ausübt. Es sind nur – neben Speisen und Getränken und verschiedenen Waschungen – Satzungen des Fleisches, die bis zur Zeit einer richtigen Ordnung auferlegt sind"* (Hebräerbrief 9,9-10). Jesus ist der Hohepriester, der sich selbst *„ein für alle Mal"* (Hebräerbrief 7,27; 9,12; 10,10; vgl. Römerbrief 6,10) für uns geopfert hat. Die Tieropfer im AT sind ein Abbild des endgültigen Opfers von Jesus im NT. Die Tieropfer weisen auf Jesus hin.

D) Gebote gestern und heute?

Frage: Kann etwas, was Gott im AT ein Gräuel war, heute Gott gefällig sein?

Antwort: Nein, denn Gott ändert sich nicht. Allerdings hat Jesus die Speise-, Reinheits- und Zeremonialgesetze für uns Christen erfüllt. Darum gelten sie für uns nicht mehr. Als Christen essen wir beispielsweise Schweinefleisch (vgl. 3.Mose 11,7) und es spielt keine Rolle, aus welchem Stoff unsere Kleider sind (vgl. 3.Mose 19,19b). Die moralisch-ethischen Gebote des AT, zusammengefasst in den Zehn Geboten (vgl. 2.Mose 20; 5.Mose 5) und in der Gottes-, Nächsten- und Selbstliebe/Selbstannahme (vgl. 3.Mose 19,17-18), gelten jedoch weiterhin für uns Christen: *„Ihr sollt heilig sein; denn ich, der HERR, euer Gott, bin heilig"* (3.Mose 19,2b; 2.Mose 22,30; 3.Mose 11,45; 20,7.26). Wir drücken unsere Liebe gegenüber Gott aus, wenn wir uns an die Zehn Gebote und die Gottes-, Nächsten- und Selbstliebe/Selbstannahme halten (vgl. Johannesevangelium 14,15-26; 15,9-17).

E) Verheissung wörtlich oder symbolisch?

Frage: Ist die alttestamentliche Verheissung „*das Land, das von Milch und Honig überfliesst*", wortwörtlich oder symbolisch zu verstehen?

Antwort: Beides. Das Land Israel hat einerseits einen fruchtbaren Boden und andererseits greift Gott auch besonders ein.

F) Verhältnis des Volkes Gottes?

Frage: Wie ist das Verhältnis des Volkes Gottes Israel im AT zu demjenigen im NT?

Thomas Schirrmacher beantwortet diese schwierige Frage treffend: „Paulus kann den gegenwärtigen Status des ungläubigen Israel auf die doppelte Formel bringen: ‚Hinsichtlich des Evangeliums sind sie zwar Feinde um euretwillen, hinsichtlich der Auswahl aber Geliebte um der Väter willen.' (Röm 11,28). Die ungläubigen Israeliten sind gleichzeitig Feinde Gottes und Geliebte Gottes! Wer eine von beiden Seiten unterschlägt oder überbetont, verliert beide! Die Juden sind ‚Feinde' Gottes, weil sie das Evangelium ablehnen. Das darf nie und nimmer verharmlost werden. Aber erstens sind sie ‚Feinde um euretwillen', was uns demütig macht, und zweitens bleiben diese Feinde ‚Geliebte Gottes'. Wer die Juden nur als Feinde Gottes sieht, übersieht die

Heilsgeschichte Gottes mit seinem Volk. Wer die Juden nur als Geliebte Gottes sieht, übersieht den Ernst der Verwerfung des Messias und verweigert den Juden das Evangelium, das sie allein erretten und sie in den wahren Bund mit Gott führen kann. Paulus spricht deswegen im Römerbrief nicht nur von der Möglichkeit, dass Israel bzw. Israeliten gerettet werden können, sondern offenbart ein ‚Geheimnis‘ (Röm 11,25), von dem er auf keinen Fall möchte, dass die Gemeinde es nicht kennt oder es missachtet: ‚Ganz Israel wird errettet werden‘ (Röm 11,25), weil die ‚Gnadengaben und Berufung Gottes unwiderrufbar‘ sind (Röm 11,29)." (Christus im Alten Testament, S. 10-11). Gott hat das Volk Gottes der Juden auserwählt und er hat einen Plan mit ihnen. Trotz aller Anfechtungen, die sie während dieser vielen hundert Jahren erleben mussten. Das Ziel besteht darin, dass auch Juden beginnen, an Jesus als Retter zu glauben und dass sie nicht länger auf einen anderen Messias hoffen.

Zusammenfassung

A) Das AT und das NT bilden eine „spannungsvolle Einheit" (Simon Kuntze, Suchet in der Schrift, S. 1)! Sie bilden eine Einheit, weil beide Wort Gottes sind. Sie sind spannungsvoll, weil sie zwei Pole sind, die auf unterschiedliche Weise auf dasselbe Ziel hinweisen: JESUS! Er steht in der Mitte der Bibel. Das AT weist auf ihn hin. Das NT weist auf ihn zurück.

B) Mir ist wichtig, dass wir als Christen das AT nicht abwerten! Es ist Heilige Schrift und Wort Gottes wie das NT! Gott spricht zu uns und wirkt an uns, wenn wir im AT lesen!

C) Die Geschichten der Bibel zeigen uns: Gott kommt mit uns zum Ziel trotz unserer eigenen Schuld und der Sünde und des Widerstandes unserer Mitmenschen und des Bösen.

D) Gott ist der dreieinige, liebende, persönliche, heilige, gerechte, ewige, allmächtige, allwissende, allgegenwärtige, überweltliche, unsichtbare Bundesgott sowohl im AT als auch im NT, der unser Universum erschaffen hat, erhält, errettet hat und vollenden wird!

Schlusswort oder: Wie weiter?

Wenn dir das Lesen dieses Buches Gewinn gebracht hat und du dir die Frage stellst: Wie kann es weiter gehen? Dann empfehle ich dir, selber die Bibel zu lesen. Am besten beginnst du bei 1.Mose, den Psalmen, einem der vier Evangelien, dem Galaterbrief, dem 1.Petrusbrief oder dem 1.Johannesbrief. Folgende Fragen können dir dabei helfen:

A) Was steht dort geschrieben?

B) Was bedeutet das für mich?

C) Wie kann ich das Erkannte praktisch in meinem Leben umsetzen?

D) Wem kann ich davon erzählen?

Gott spricht zu uns durch die Bibel und im Gebet sprechen wir mit ihm. Im Gottesdienst und im Hauskreis ermuntern wir einander und Gott ermutigt uns.

Danksagungen

Herzlich danke ich meinen Lektoren Jonas Erne, Raffael Sommerhalder und Pfr. Rolf Nünlist für ihre wertvollen Rückmeldungen zu meinem Manuskript.

Grosser Dank geht an meine Frau Christina, die mich immer unterstützt.

Der grösste Dank gebührt dem dreieinigen Gott, der mich in den schwierigsten Zeiten meines Lebens sowohl durch das Alte als auch das Neue Testament getröstet hat!

Anhang: Umfang und Gliederung des AT

Es gibt unterschiedliche Gliederungen und Umfänge des AT:

A) Das jüdische AT (Tanach) enthält folgende biblische Bücher in dieser Reihenfolge:

a) Tora (= Weisung): 1.-5.Mose.

b) Neviim (= Propheten): Josua, Richter, 1.+2.Samuel, 1.+2.Könige, Jesaja, Jeremia, Hesekiel, die zwölf kleinen Propheten.

c) Ketuvim (= Schriften): Psalmen, Hiob, Sprüche, Rut, Hoheslied, Prediger, Klagelieder, Esther, Daniel, Esra, Nehemia, 1.+2.Chronik.

B) Das reformierte AT enthält die gleichen biblischen Bücher in folgender Reihenfolge:

a) Die Geschichtsbücher: 1.-5.Mose, Josua, Richter, Rut, 1.+2.Samuel, 1.+2.Könige, 1.+2.Chronik, Esra, Nehemia, Esther.

b) Die Weisheit: Hiob, Psalmen, Sprüche, Prediger, Hohelied.

c) Prophetie: Jesaja, Jeremia, Klagelieder, Hesekiel, Daniel, die zwölf kleinen Propheten.

C) Das katholische AT enthält ausserdem die Spätschriften des AT, auch deuterokanonische (= Schriften des „zweiten Kanons") Schriften genannt:

a) Die Geschichtsbücher: siehe oben, zusätzlich: Tobit, Judith, Zusätze zum Buch Esther, 1.+2.Makkabäer.

b) Die Weisheit: siehe oben, zusätzlich: das Buch der Weisheit, Sirach.

c) Prophetie: siehe oben, zusätzlich: Baruch, Brief des Jeremia, Zusätze zum Buch Daniel.

d) Apokryphen (= die „verborgenen" Schriften): Gebet des Manasse, 3.+4.Esra, Psalm 151.

Diese zusätzlichen Bücher überbrücken teilweise die 400 Jahre zwischen dem Propheten Maleachi bis zum Auftreten von Jesus. Martin Luther urteilte über sie: die Spätschriften sind Bücher, „so der heiligen Schrift nicht gleich gehalten, und doch nützlich und gut zu lesen sind" (Bibel: Die gantze Heilige Schrifft, Band 2, 156a). Die Reformatoren leiteten keine Glaubenswahrheiten (Dogmen) aus ihnen ab.

D) Das AT der orthodoxen Christen ist ähnlich wie das katholische: Die Geschichtsbücher enthalten zusätzlich 3.Makkabäer und der Weisheitsteil integriert Psalm 151 in das Psalmenbuch. Die Apokryphen enthalten 4.Makkabäer und das Gebet des Manasse (vgl. Wikipediaartikel Bibelkanon).

Quellenverzeichnis

Bücher

Beale, Gregory. A New Testament biblical theology : the unfolding of the Old Testament in the New. Grand Rapids: Baker Academic. 2011.

Brunner, Emil. Die Unentbehrlichkeit des Alten Testamentes für die missionierende Kirche. Basel: Evangelischer Missionsverlag. 1934.

Calvin, Johannes. Unterricht in der christlichen Religion. Institutio Religionis Christianae. Neukirchen: Erziehungsverein. 1936.

Crüsemann, Frank. Das Alte Testament als Wahrheitsraum des Neuen. Gütersloh: Gütersloher Verlagshaus. 2011.

Feinberg, John. Continuity and discontinuity: perspectives on the relationship between the Old and New Testaments: essays in honor of S. Lewis Johnson, Jr. Westchester: Crossway Books. 1988.

Luther, Martin. Bibel: Die gantze Heilige Schrifft. Band 2. Königswinter: Lempertz. 2008.

Rienecker, Fritz. Maier, Gerhard. Lexikon zur Bibel. Witten: SCM Brockhaus. 7.Aufl. 2008.

Schirrmacher, Thomas. Christus im Alten Testament. Hamburg: Reformatorischer Verlag Beese. 2001.

Sierszyn, Armin. Verachtung des Alten Testaments – Verwüstung protestantischer Kirche und Kultur. Reihe: Kleine Schriften 5. Bäretswil: Eigenverlag. 2016.

Vischer, Wilhelm. Das Christuszeugnis des Alten Testaments. Band 1. München. 1934.

Artikel

Janowski, Bernd. Der eine Gott der beiden Testamente. Grundfragen einer Biblischen Theologie. In: Zeitschrift für Theologie und Kirche 95.

Onlineartikel

Blatt, Helmut. Finden wir im AT einen anderen Gott als im NT? PDF auf:
http://www.helmutblatt.de/files/Ist%20der%20Gott%20im%20Alte n%20und%20Neuen%20Testament%20der%20gleiche%20Gott_.pd f. 26.04.2016.

Bibelkommentare.de. Artikel: Aramäisch.
https://www.bibelkommentare.de/index.php?page=dict&article_id= 726. 29.04.2016.

Die-bibel.de. Artikel: Der Bund Gottes mit den Menschen.
http://www.die-bibel.de/bibelwissen/botschaft-der-bibel/der-bund-gottes-mit-den-menschen/ 29.04.2016.

Kuntze, Simon. Suchet in der Schrift. In: Deutsches Pfarrblatt 7/2010. PDF auf:
file:///C:/Users/Admin/Downloads/artikel_2839_pfarrerblatt%20(1). pdf. 20.07.2016.

Wikipediaartikel: Bann (Bibel). 25.04.2016

Wikipediaartikel: Bibelkanon. 21.07.2016.

Wikipediaartikel: Bund (Bibel). 11.04.2016.

Verfasser

Michael Freiburghaus, Jg. 1986, Theologiestudium in Riehen, Leuven, Bern und Zürich. Offizier (Leutnant) der ABC-Abwehrtruppen. Präsident der Schweizerischen Traktatmission. Seit 2015 Pfarrer in Leutwil-Dürrenäsch, Schweiz.

Weitere Bücher von ihm im gleichen Verlag:

- Ergreife Jesus! – Von Jesus ergriffen
Aargauer Predigten 2010-2016.

- Jesus ist das Evangelium!
Solothurner Predigten 2013-2014.

- Jesus: Volkskirche und Anstoss!
Zürcher Predigten 2014-2015.

- Gott liebt dich! 10 Predigten zum 1.Johannesbrief.

Himmel und Erde werden vergehen,
doch Gottes Wort bleibt bestehen!

Die Ewigkeit ist unendlich zu kurz,
um Gottes Liebe zu loben!

Notizen